LISBETH,

DRAME LYRIQUE

EN TROIS ACTES ET EN PROSE

MÊLÉE DE MUSIQUE;

Représenté, pour la première fois, sur le Théâtre de l'Opéra-Comique de la rue Favart, le 10 Janvier 1797.

PAROLES DE FAVIÈRES,

MUSIQUE DE GRÉTRY.

A PARIS,
Chez les Marchands de Nouveautés.

1797.

PERSONNAGES.

SIMON, riche propriétaire,	Mr. *Chenard.*
LISBETH, } ses filles,	Mlle. *Saint-Aubin.*
NANETTE, }	Mlle. *Carline.*
DERSON, jeune Français, amoureux de Lisbeth,	Mr. *Michu.*
GESNER, philosophe & homme de lettres, cit. de Zurich,	Mr. *Solié.*
GERMAIN, valet de Derson,	Mr. *Paulin.*
MARIE, servante de Lisbeth,	Mlle. *Sérigny.*
FILLES, BERGERS, HABITANS SUISSES.	

La Scène est en Suisse, dans un hameau près de Zurich.

LISBETH,
DRAME LYRIQUE EN TROIS ACTES.

ACTE PREMIER.

Le Théâtre représente une vue de la Suisse ; des rochers très-élevés sont coupés par des chûtes d'eau qui tombent dans une espèce de bassin qui forme une petite rivière ; le rivage est bordé de saules ; deux rochers très-élevés sont réunis par un petit pont de bois rustique, ce qui forme un point de vue agréable ; sous ce pont se précipite une chûte d'eau : à travers l'espace qui sépare les deux rocs, on voit dans le lointain une campagne riante. La Pièce commence au lever du soleil, & la toile se lève après quelques mesures de l'ouverture.

SCÈNE PREMIÈRE.
GESNER, *seul*.

RÉCITATIF.

L'ASTRE du jour paroit, le ciel va s'éclaircir :
Quel spectacle pompeux ! Gesner, tu vas jouir.
(Il monte sur un rocher.)

AIR.

Que le réveil de la nature
Emeut doucement le cœur !
Qu'avec ferveur la créature
S'élève vers son créateur !
Dieu tout-puissant, ta bienfaisance
Nous console à tous les instants !
Reçois par moi l'hommage & la reconnoissance,
Et les vœux purs de tes enfants !
Du haut de la céleste sphère,
Répands ces torrents de lumière
Qui portent la fécondité !
Pénétré de respect, que l'homme, sur la terre,
Dans ta grandeur, admire ta bonté.

Il y a là une demi-heure d'enchantement auquel personne ne résiste..... Ce que j'ai vu m'électrise. *(Il s'asseoit sur un bout de rocher.)* Je me sens en train de travailler. *(Il tire de*

sa poche un manuscrit.) Voyons mon Idylle de Daphnis.....
Les ames sensibles ont lu avec intérêt mon poëme d'Abel.....
Ils aimeront aussi Daphnis.... Oui, la vertu a tant de droits....

SCÈNE II.

GESNER, SIMON, *avec un fusil.*

SIMON, *apercevant Gesner.*

Toujours exact au lever du soleil.

GESNER.

C'est toujours si beau.

SIMON.

Mais vous étiez à travailler, & je vous dérange peut-être, monsieur Gesner?

GESNER.

Jamais, lorsqu'un ami a besoin de moi.

SIMON.

C'est que, dans le fait, je voudrois vous parler.

GESNER. (*Il descend.*)

Me voilà, Simon; qu'avez-vous à me dire?

SIMON.

Je veux que vous calmiez ma tête.

GESNER.

Quoi! vous qui en avez une si bonne!

SIMON.

Ce qui me tourmente part de là, du cœur; & celui d'un père n'est pas toujours courageux.

GESNER.

Mais quel motif?

SIMON.

Ecoutez: vous savez qu'il y a huit mois j'envoyai ma fille dans une petite ferme près de Soffingen, Marie l'y accompagna; je les envoyai là toutes deux pour servir de guide à un frère, privé de la vue, que j'ai dans ce village. Il étoit alors très-malade. Lisbeth desira se rendre près de son oncle; j'y consentis : depuis notre séparation, Lisbeth m'a écrit fort exactement; presque toutes les semaines, les guides des voyageurs m'apportoient de ses nouvelles; même ils m'apprirent que mon frère étoit rétabli. Voilà près d'un mois que je n'ai reçu de lettre de ma fille; sa dernière étoit gênée, elle n'écrivoit pas comme elle a coutume d'écrire; ce long silence, je l'avoue, me tourmente & me donne une inquiétude que je ne puis dissiper par moi-même : on s'occupe de la nomination des magistrats du canton, & nous nous sommes promis tous de ne pas quitter; le bonheur du pays commande des sacrifices, & les Suisses savent en faire.

GESNER.

Vous avez bien raison ; mais réfléchissons un peu : nous voici dans le temps des grands travaux : votre frère, privé de la vue, ne peut suivre les détails & les soins que ce moment exige.

SIMON.

C'est ce que je me suis dit : Voici l'instant où nos bergers ramènent nos troupeaux des montagnes, & nous rapportent les richesses que produisent nos excellens pâturages. Lisbeth, pour les attendre, est aux champs dès le matin.

GESNER.

Toute la journée.

SIMON.

Lisbeth rentre la dernière.

GESNER.

Il faut qu'elle tienne un compte exact de tout ; elle y met d'autant plus de soins que Georges, votre frère, aveugle, s'en rapporte totalement à elle.

SIMON.

Il a raison : mais on écrit deux mots seulement : « Papa, je me porte bien, je t'aime toujours. » Le cœur d'un père n'en demande pas davantage.

GESNER.

Elle fera mieux, elle viendra.

SIMON.

Je ne voudrois pas cependant qu'elle quittât mon frère ; son grand âge, son infirmité....

GESNER.

Bon, huit jours......

SIMON.

Oui, il me la prêtera bien ce temps-là, & je causerai avec elle, j'interrogerai son ame. Gesner, mon ami, elle a peut-être du chagrin, & je n'en sais pas la cause ; savez-vous que pour un père, c'est cruel ?

GESNER.

Elle vous dira : il y a huit mois que je ne t'ai vu.

SIMON.

Et moi, je pleurerai comme un enfant, car je me connois ; quoiqu'on m'accuse dans ce village d'être sévère, je me vois déjà. Lisbeth arrive ; je veux la gronder de son silence. Ne voilà-t-il pas que la tendresse me gagne, que des larmes roulent dans mes yeux, & je saute au cou de la petite coupable ; je sens cela, je vous le dis.

(*Pendant cette strophe, Gesner examine la figure & la douce émotion de Simon, avec le coup-d'œil profond d'un philosophe littérateur, son sourire exprime comme il est doucement touché de cette explosion de la nature & du sentiment paternel.*)

GESNER.

Voilà justement, comme des pères doivent gronder.

LISBETH,

SIMON, *plus heureux, respirant à l'aise.*

Ah ! vous m'avez fait du bien ; quand on est avec un honnête homme, les peines se dissipent ; vos discours consolent l'esprit, comme la lecture de vos ouvrages.

GESNER.

C'est que j'écris avec mon cœur.

SIMON.

Oh ! vous n'avez pas besoin de le dire..... Je lis votre poëme d'Abel tous les jours à ma famille. A propos, vous ne connoissez pas la petite chaumière de la Roche, que le bon Verner vient de me laisser ; je vais la vendre, elle m'est inutile ; nous placerons bien cet argent-là ; & puis, vous qui êtes dessinateur, vous verrez un point de vue qui n'échappera pas à votre crayon, j'en suis sûr : venez, venez.

GESNER.

Avec plaisir.　　　　　　　(*Ils sortent.*)

SCÈNE III.

DERSON, GERMAIN.

(*Ils arrivent du côté opposé à celui par lequel les autres acteurs sont sortis de la scène.*)

DERSON, *à Germain.*

Tache de joindre Lisbeth, de l'instruire de mon arrivée ; mets-y sur-tout bien de l'adresse : je connois sa sensibilité ; c'est avec ménagement qu'il faut l'instruire de notre réunion.

GERMAIN.

Fiez-vous à moi.

DERSON.

Cette lettre lui expliquera les motifs de mon éloignement, de mon silence ; elle y verra que, lorsque je quittai la Suisse par un ordre supérieur, & que je retournai en France, j'appris, en arrivant, que le régiment dans lequel je sers, étoit commandé pour aller en Amérique ; que l'honneur, la gloire de servir une nation courageuse, me déterminèrent à l'aller rejoindre, & que j'eus le bonheur d'arriver pour l'expédition qui assura sa victoire, & qui fit décider la paix ; qu'ayant rempli mon devoir, mon premier soin fut de lui donner de mes nouvelles ; mais que l'ami que j'en avois chargé, périt avec son vaisseau par la plus affreuse tempête. Dis-lui qu'ayant satisfait aux loix de l'honneur, je repartis tout de suite, & que je viens remplir ici les engagemens sacrés de l'amour. Parle avec l'adresse que je te connois, & je suis tranquille ; tu te rappelles la ferme au milieu du village.

GERMAIN.

Chez Simon, oui, oui, je sors ; soyons sans inquiétude. (*Il sort.*)

SCÈNE IV.
DERSON, *seul.*

MA chère Lisbeth ! je vais la revoir ; elle ne se doute pas de la résolution que j'ai formée. Me voilà libre ; ma liberté, ma fortune, tout va lui appartenir. O ma Lisbeth !

ARIETTE.

Des rigueurs d'un trop long silence,
Derson vient se dédommager ;
L'hymen à toi va m'engager :
Quelle plus douce espérance !
L'hymen à toi va m'engager :
Dans le séjour de l'innocence,
Derson, par toi, connut l'amour ;
Ma Lisbeth, il vient en ce jour
Te demander sa récompense.

    O doux moment !
    Pour un amant ;
    Dieu, quelle ivresse !   *bis.*
    Là, sur mon cœur
    Brûlant d'ardeur
    Que je la presse.
    Dans ses regrets,
    Elle m'accuse ;
    Moi, je m'excuse,
    Bientôt après.
    Je fais ma paix,
    Quoiqu'on m'accuse ;
    Des yeux baissés
    Disent assez
    Que l'on m'excuse.

SCÈNE V.
GERMAIN, DERSON.

DERSON.

EH bien, Germain ? Lisbeth.....

GERMAIN.
Elle n'est plus dans ce village.

DERSON.
O ciel !

GERMAIN.
Mais, j'ai questionné.....

LISBETH,

DERSON.
Et l'on t'a dit?

GERMAIN.
Qu'elle n'étoit pas loin, à quatre lieues d'ici.

DERSON.
Mais, où? Malheureux! tu me fais mourir!

GERMAIN.
Au hameau de Berstadt, qui touche à Soffingen.....

DERSON, *rapidement.*
J'y cours: mes chevaux sont reposés; & quand ils ne le seroient pas, n'importe: toi, demeure ici, adresse-toi à M. Simon, au père; termine pour l'acquisition de cette petite chaumière qu'il veut vendre, & que j'ai vue dans les papiers à Zurich; n'attends pas qu'il en fasse le prix, offres-en tout de suite deux mille écus; mon bonheur dépend de cette acquisition: tu lui diras qu'un jeune peintre, malade depuis long-temps, vient ici pour se rétablir; tu ne mentiras pas, car dans la traversée j'ai été pendant un mois entre la vie & la mort: voilà l'argent, n'attends pas qu'on te le demande, fais tes offres, & que tout soit terminé à mon retour..... Tu dis à Berstadt, près de Soffingen, chez son oncle?

GERMAIN.
A quelques milles d'ici.

DERSON, *rapidement.*
Je pars. Tu connois bien M. Simon; c'est un homme de 60 à 65 ans, une figure respectable, le plus galant homme, & que je rendrai bientôt heureux. (*Il s'échappe.*)

SCÈNE VI.

GERMAIN, *seul.*

Oh! il aura la maison; à ce prix là, je crois qu'il n'y aura pas beaucoup de concurrens.

SCÈNE VII.

GERMAIN, SIMON, GESNER.

SIMON, *à Gesner, qui tient un petit papier & un crayon.*

QUAND je vous ai dit que le point de vue vous séduiroit! elle est jolie, ma petite chaumière.

GERMAIN, *à part.*
Je crois que voici l'homme..... Monsieur est, je crois, monsieur Simon?

SIMON,

DRAME LYRIQUE.

SIMON.

Oui ; que me voulez-vous ?

GERMAIN.

Voir, acheter & payer tout de suite une petite maison, annoncée dans les papiers de Zurich : mon maître n'est pas encore ici ; mais il m'a chargé de tout, si vous voulez.

(*Gesner va s'asseoir sur un bout de roc, & paroît dessiner sur le papier qu'il tient*).

SIMON.

Oh ! vous n'avez qu'à dire d'abord pour qui. Parlez-moi franchement : est-ce pour un homme tranquille, paisible ?....

GERMAIN.

C'est un jeune peintre, un ami de la nature, un Français.

SIMON.

Oh ! un Français, tant mieux ; nous les aimons tous ; & si c'est un ami de la nature, tout est dit : ceux qui l'étudient, & qui la suivent, sont simples & bons comme elle. Pour son art, d'ailleurs, ma maison est placée bien avantageusement ; il y a une vue sur un lac.

GERMAIN.

Mon maître sera bien content, s'il y a de la vue ; ce n'est pas qu'ici par-tout.....

SIMON.

Et laissez-vous aller au plaisir que cela peut lui faire ; vous traitez avec un Suisse franc, loyal, & qui ne profitera pas des avantages que votre maître peut trouver à ma maison, pour lui faire payer un stuber de plus : venez, venez.

GESNER.

Brave homme, je suis bien sûr que ce marché-là sera conclu ; c'est la probité même : il a raison, son point de vue est charmant ; je le placerai à la tête de ma dissertation sur le paysage.

SCÈNE VIII.

GESNER, NANETTE.

NANETTE, *accourant*.

MONSIEUR Gesner, monsieur Gesner, dites-moi bien vite, est-ce que mon père est fâché contre moi ?

GESNER.

Lui ? pas du tout.

NANETTE.

Je l'ai rencontré tout à l'heure, il alloit à la chaumière de la Roche ; je voulois le suivre, il m'a envoyée à la maison, oh ! mais d'un air sec ; & moi qui ai quelque chose à lui dire ; s'il est fâché, d'abord je garderai mon secret pour moi.

GESNER.

Que voulez-vous donc lui apprendre ?

NANETTE.

Oh ! une chose toute simple ; c'est que je suis amoureuse d'Adrien Fribourg ; & vous conviendrez que, vis-à-vis d'une jeune fille qui est déjà bien embarrassée pour le dire, s'il se trouve un père qui ne soit pas disposé à l'entendre, voilà de l'amour perdu.

GESNER.

Oh ! peut-être.

NANETTE.

Monsieur Gesner, vous êtes un homme obligeant, oh ! c'est sûr : voudriez-vous vous charger de mon secret ?.... Tenez, je m'en vais vous préparer ce qu'il faudra dire : mon père est avec vous, je suppose ; il est de bonne humeur ; vous en profiterez ; j'avertis Fribourg, qui a l'air de se rencontrer là comme par hasard.....

GESNER, *avec un air gaîment bon.*

Ma bonne amie, mais que ne vous chargez-vous du rôle ?

NANETTE.

Oh ! que vous vous en tirerez bien mieux que moi : tenez, vous dites :

COUPLET.

Je sais un cœur bien amoureux,
Je connois un amant bien tendre ;
Tout bas ils soupirent tous deux :
Mais j'ai trop bien su les entendre ;
Et nous serons là tous les deux.
Puis, pour avancer cette affaire,
Quand papa, d'un air curieux,
Dira : quels sont ces amoureux,
Vous nous montrerez à mon père.   (*bis*)

GESNER.

Fort bien jusqu'ici !

NANETTE.

N'est-ce pas ?

GESNER.

Mais si votre père ne dit rien ?

NANETTE.

Vous ne vous embarrassez pas de son silence, vous parlez toujours ; nous sommes tout près ; nous écoutons.

IIe. COUPLET.

Fribourg a toutes les vertus ;
Il est aimé dans ce village ;
Il a du bien ; en faut-il plus
Pour décider un mariage ?
Votre ame peint si bien l'amour !

DRAME LYRIQUE.

C'est en vous que Nanette espère.
Rassurez mon cœur en ce jour :
La vertu, parlant pour l'amour,
Doit persuader un bon père. (*bis*)

GESNER.

Je desire fort que ce plan réussisse ; mais...

NANETTE.

Ah çà ! si vous qui avez plus d'esprit que moi, vous me faites déjà trembler ?

GESNER.

J'entends quelqu'un ; c'est Simon, je pense : vous devriez....

NANETTE.

Mon père ! je me sauve.

GESNER, *seul*.

Charmante créature, la candeur de la jeunesse & toute sa franchise.....

SCÈNE IX.

GESNER, MARIE *arrive en regardant de tous côtés avec crainte & inquiétude*.

GESNER.

Que vois-je ? Marie.....

MARIE.

Ah ! c'est vous, monsieur Gesner : êtes-vous seul ?

GESNER.

Oui, que voulez-vous ?

MARIE, *regardant toujours*.

Monsieur Gesner, c'est que nous sommes ici ; nous sommes venues par les prés ; nous avons marché toute la nuit.

GESNER.

Qui, vous ?

MARIE.

Ma maîtresse & moi.

GESNER, *vivement*.

Lisbeth !

MARIE.

Chut, ne parlez pas si haut.

GESNER.

Pourquoi donc ?

MARIE, *en confidence*.

Lisbeth veut vous parler.

GESNER.

A moi ?

MARIE.

Et dans le plus grand secret.

B 2

LISBETH;

GESNER.

Et vous ne devinez pas le motif ?

MARIE.

Si, car je sais tout ; mais ce n'est pas à moi de rien dire. Voulez-vous l'attendre ?

GESNER.

Oui.

MARIE.

Je vais la chercher ; restez là.

GESNER.

Mais tu ne peux pas....

MARIE.

Ne me questionnez pas, car je ne dirai rien : vous allez la voir ; faites-lui bien de l'amitié, entendez-vous ? Votre cœur est sensible ; on a bien besoin de lui. (*Elle sort.*)

SCÈNE X.

GESNER, *seul.*

Quel mystère ! Lisbeth arrive ; je suis la première personne qu'elle demande : & son père ?

SCÈNE XI.

(*Lisbeth paroît dans le fond du théâtre.*)

LISBETH, GESNER, MARIE.

LISBETH, *à Marie, dans le fond.*

Tu m'attendras hors du village, sous les saules, près du lac. Va, & prends bien garde.

(*Marie s'éloigne.*)

SCÈNE XII.

GESNER, LISBETH.

GESNER.

Lisbeth....

LISBETH.

Monsieur Gesner, nous sommes seuls ?

GESNER.

Oui, oui, parlez ; ce trouble, cette pâleur, ce que

Marie vient de me demander, votre arrivée imprévue; oh! parlez, Lisbeth, parlez, parlez.

LISBETH.

Monsieur Gesner, voilà huit mois que je suis absente de ce village; personne n'a su les motifs de ma démarche, en priant mon père de m'envoyer à Herstadt, de préférence à Lisette, ma sœur. Je lui ai écrit souvent à ce bon père!

GESNER.

Mais depuis peu, vous l'avez cruellement abandonné.

LISBETH.

Ah! ce que j'avois à lui apprendre étoit si difficile......

GESNER.

Difficile!.... à son père!..... au premier ami que nous donna la nature!

LISBETH.

Ah! si j'avois pu vous voir, si j'avois pu, tous les jours, profiter de vos conseils, admirer vos vertus, la mienne.....

GESNER.

Vous me faites frémir.

LISBETH.

Il y a un an qu'un jeune officier, qui voyageoit dans la Suisse, s'arrêta dans notre vallée : Marie, qui veilloit sur les troupeaux de mon père, enseignoit à ce jeune homme, qui étoit peintre, les endroits les plus précieux pour son art. Son air timide, honnête, inspira de la confiance à notre curiosité; nous lui demandâmes à voir ses ouvrages. Lorsqu'il eut satisfait à nos desirs, il me vint dans l'idée de le prier d'esquisser ma figure & celle de ma sœur, pour les placer dans la chambre de mon père; il y consentit. Je me rendois dans la vallée tous les jours; & de ce moment j'éprouvai combien il étoit dangereux. Ma sœur, plus légère, plus heureuse, car son cœur avoit gardé toute son innocence, cessa de venir à la prairie. Après quelques momens donnés à l'étude de son art, ce jeune étranger me lisoit vos Idylles; il les lisoit avec le charme que vous avez su y répandre. Un jour il en choisit une qui peignoit les douceurs d'un heureux ménage : innocente, timide, m'abandonnant avec confiance au sentiment qui devoit faire le malheur de ma vie.... Ce jeune étranger... enfin vous le dirai-je, l'amour reçut nos sermens, qui n'eurent d'autres témoins que le ciel & mon cœur.

GESNER.

Malheureux père !

ARIETTE.

LISBETH.

Ouvrez-moi votre ame sensible,
Laissez briller, sur ce front, la douceur.

LISBETH.
Puisque vous savez mon malheur,
Il me paroitra moins pénible
Si j'intéresse votre cœur. *(ter.)*
J'ai banni la crainte trop vaine
Qui me retint jusqu'à ce jour ;
Oui, vous partagerez ma peine,
Et vous plaindrez les erreurs de l'amour.
Ouvrez, &c.

GESNER.

Eh bien ! achevez : ce jeune homme ?

LISBETH.

Quelque temps après il partit, en promettant de revenir bientôt ; il l'a oublié ; il ne m'a seulement pas écrit. Effrayée de ma faute, cherchant à la cacher à tous les yeux, je résolus de quitter ce village, & j'allai chez mon oncle. Oh ! que je rendis graces au ciel du fatal accident qui me permettoit de le voir sans rougir. J'écrivois à mon père exactement : depuis peu, la crainte & la honte me condamnèrent au silence ; enfin, redoutant ses inquiétudes, craignant qu'il ne vînt chez son frère, hier au soir je suis partie avec Marie ; forte de votre amitié, de mon titre de mère, j'ai marché toute la nuit, & je suis venue répandre dans votre sein ma douleur & mes larmes. Je vais retrouver Marie, qui m'attend hors du village, avec mon enfant ; son sourire a déjà calmé bien des peines : puissiez-vous rendre à tous deux le bonheur ! Adieu, monsieur Gesner, prenez pitié de Lisbeth, que vous avez vu naitre ; parlez pour moi ; vous connoissez nos lois, ne me laissez pas abandonnée au désespoir : songez que je suis capable de tout, si je perds le cœur de mon père. *(Elle s'échappe.)*

SCÈNE XIII.

GESNER, *seul.*

Oui, je parlerai...... oui, je..... Armons-nous de courage. Si la raison, si la philosophie n'ont fait qu'augmenter ma sensibilité, usons de tout leur empire pour plaider la cause de cette intéressante fille ; ayons toute l'énergie de l'amitié. Oh ! son plus beau droit, sans doute, est de réconcilier ceux qui ne sont pas faits pour se haïr.

SCÈNE XIV.

GESNER, SIMON.

SIMON.

Félicitez-moi, mon ami, je viens de vendre la chaumiere de la Roche.

GESNER.

A cet étranger ?

SIMON.

Oui, pour son maitre. Oh ! ce peintre l'a fait mentir le proverbe ; croiriez-vous que je lui vends cette maisonnette deux mille écus ?

GESNER.

Deux mille écus ! oh ! c'est un peu.....

SIMON.

C'est juste ; je traite avec un homme qui sûrement est riche, car il m'a offert cette somme ; j'en ai profité, non pour moi, mais pour les malheureux qu'il ne songe peut-être pas à soulager. Je me réserve ce qui m'est dû à la rigueur ; le surplus est aux pauvres, aux infortunés.... J'entends ceux qui le sont par des événemens ou par des pertes ; je ne donnerai rien à ceux qui seroient dans le malheur par leur faute.

GESNER.

Vous êtes aussi trop sévère.

SIMON.

Non. Informez-vous de tous ceux qui peuvent avoir besoin de secours ; cherchez dans nos environs les jeunes filles que leurs parens ne sont pas en état de doter ; mais auparavant informez-vous scrupuleusement de leur conduite, de leurs mœurs ; sachez sur-tout si aucune faute, aucune foiblesse, n'attira sur elles le reproche de nos vieillards.

GESNER, *avec intention pour sonder.*

Quoi ! si, par exemple, une jeune personne trop foible, trop confiante, se trouvoit trompée ?

SIMON.

Elles ne le sont que lorsqu'elles ne veulent pas nous entendre. Je rends graces à l'austérité de nos mœurs. Chez nous les filles qu'un penchant criminel livre à la corruption, séquestrées de la société, n'y reparoissent que pour être employées aux travaux les plus vils, & trainer en public leur honte & leur ignominie. Celles que la séduction, l'imprudence ou la foiblesse ont déshonorées, expient leur faute dans les pleurs, la douleur du remords ; chargées du mépris & de la haine de tous nos habitans.

GESNER.
Ah ! quelquefois la plus vertueuse.....
SIMON.
Elles le font toutes dans ce village ; je suis tranquille.
GESNER.
Vous avez une bonne opinion de ce hameau.
SIMON.
Vous l'avez choisi pour y avoir une maison de campagne ; cela ne m'étonne pas : ce hameau est peuplé d'honnêtes gens ; les époux y sont heureux ; les pères y sont tendres ; les filles, je les juge toutes par les miennes. Je sais qu'il nous vient quelquefois, parmi les voyageurs, de ces êtres corrompus, qui nous apportent leurs vices & leur or ; mais ici les cœurs sont purs comme l'air qu'on y respire ; & je suis sûr que l'étranger le plus immoral, lorsqu'il voit une belle fille donnant le bras à son vieux père, l'admire en silence, & qu'il étouffe dans son ame les vœux criminels qu'il pourroit former. — Ah çà ! nous dinons ensemble !... Nous ferons notre lecture après ; je vous remettrai le surplus de l'argent que je viens de recevoir ; c'est à votre choix que j'en abandonne l'usage : vous peignez trop bien la vertu, pour ne pas la distinguer plus aisément qu'un autre. — Je vais appeler tout mon monde.

(*Il va dans le fond du théâtre, monte sur un rocher, & donne quelques coups d'une trompe qu'il porte à sa boutonnière.*)

FINALE.
GESNER, *sur le devant.*
Dieu de paix ! Dieu de clémence !
En ce jour, prête à mon cœur
Le courage & l'éloquence !
Que je ramene à la douceur,
   À la clémence,
Celui dont je crains la rigueur !

(*Dans le lointain on entend des pâtres, qui répondent à la trompe de Simon, par les leurs. L'orchestre peint le bêlement des troupeaux.*) On voit passer des vaches, des moutons, des chèvres sur un pont rustique.

CHŒUR DE PATRES ÉLOIGNÉS.
Rassemblons nos troupeaux,
Regagnons les hameaux,
C'est l'instant du repos ;
Évitons la chaleur extrême.
Rassemblons nos troupeaux,
Regagnons les hameaux :
Qu'il est doux le repos
Près de l'objet qu'on aime !

SIMON, *qui a l'air de leur faire signe de dessus la roche.*
Rassemblez vos troupeaux,
C'est l'instant du repos :

Que chacun, aux hameaux,
Trouve celle qu'il aime.

(*Chœur de jeunes filles, qui portent sur leurs têtes des bourrées de feuillages, d'herbes nouvellement coupées, & des paniers de linge.*)

CHŒUR DE FILLES.

Regagnons les hameaux,
C'est l'instant du repos :
Qu'il est doux le repos
Près de celui qu'on aime !

GESNER.

Guettons l'heureux instant,
Profitons du moment ;
Jouissons, en servant
La timide innocence.

(*L'orchestre finit en smorzando, pendant lequel temps on voit tous les habitans descendre des montagnes, se disperser ; quelques pâtres descendent les derniers en jouant de la cornemuse ; Simon rejoint Gesner & l'emmène.*)

ACTE II.

(*Le Théâtre représente l'intérieur de la maison de Simon. On voit trois portraits, en crayon noir, sur du papier blanc, représentant Simon, Lisbeth & Nanette ; la famille est autour d'une table à écouter la lecture que Simon fait du poëme de la mort d'Abel, de Gesner. Ce groupe doit offrir l'ensemble de la charmante gravure faite d'après le tableau de Greuzes, représentant la lecture du père de famille.*)

SCÈNE PREMIÈRE.

SIMON, NANETTE, GESNER, Paysans, Paysannes, Vieux, jeunes & petits Enfans endormis sur leurs petites chaises.

(*Avec enthousiasme.*) SIMON, *fermant son livre.*

OUI, Abel est sublime, lorsqu'il pardonne à son frère.
GESNER, *profitant de la réflexion.*
J'admire encore plus Adam lorsqu'il pardonne à son fils.
SIMON.
Ce sentiment est si fort dans la nature !
GESNER, *se levant.*
Oui, mon ami. (*Prenant la main de Simon.*) Ecoutez.....
(*Simon se lève, Gesner l'emmène sur le devant de la scène.*)

NANETTE, *à tout le monde en confidence.*

Monsieur Gesner nous a dit de sortir lorsqu'il se lèveroit ; allons-nous-en dans le verger. (*Elle va à l'oreille de Gesner*) C'est pour parler de moi que vous nous renvoyez : que vous êtes aimable !

(*Tout le monde se lève ; une vieille servante range ; tous les jeunes gens retirent la table. Simon, qui tenoit le livre fermé, le rouvre, cherche l'endroit où il en étoit resté, avec une lunette sur le nez ; quand il a trouvé la page, il remet le signet, & va déposer le livre dans une espèce d'armoire. Toutes ces choses-là doivent être faites, de la part de Simon, avec le calme & la mesure composée d'un vieillard. Les petits enfans traînent leurs chaises en s'en allant ; la vieille servante leur fait : Chit ! chit ! pour leur faire entendre que cela fait du bruit ; alors les petits enfans retournent leurs chaises, qu'ils posent sur leur tête, la paille sur leurs cheveux, & les pieds de la chaise en haut, & sortent sur la pointe du pied. Simon, occupé de serrer son livre, ne doit point s'apercevoir que le monde s'en va ; &, pendant cette pantomime, de la part des autres acteurs, Gesner sur le devant de la scène, chante le morceau suivant.*

ARIETTE.

GESNER.

Dieu puissant, inspire moi :
Je vais parler au cœur d'un père.
L'honneur, l'honneur sévère,
Fut toujours sa suprême loi.
Pour désarmer sa colère,
Intéresser le cœur d'un père,
Dieu tout-puissant, inspire-moi.

(*Tout le monde doit être sorti.*)

SCÈNE II.

SIMON, GESNER.

SIMON.

Eh bien ! tout le monde est parti.

GESNER.

J'ai à vous parler.

SIMON.

A moi ? tant mieux ; j'aime à causer avec vous.

GESNER.

Vous savez que nous raisonnons quelquefois ensemble après la lecture ; elle laisse souvent des impressions, des sentimens qu'il est doux d'épancher.

DRAME LYRIQUE.

SIMON.

C'est vrai ; je ne sais pourquoi ce chant que nous avons lu aujourd'hui, m'a si singulièrement ému. Ce n'est pas parce qu'il est de vous ; mais c'est qu'en vérité c'est la nature.

GESNER.

J'ai pleuré en l'écrivant.

SIMON.

Et moi donc, en le lisant, j'ai ôté plus de dix fois mes lunettes pour essuyer mes yeux ; vous l'avez pu voir.

GESNER, *avec adresse.*

C'est qu'il me semble que ce qui tient à la générosité fait plus de bien à l'ame ; ces exemples la rendent meilleure : il est des momens où je crois que l'on cesseroit d'en vouloir à son plus grand ennemi.

SIMON, *électrisé par ce discours.*

Vous avez raison, on n'en voudroit à personne.

GESNER, *d'une voix ferme.*

Simon....

SIMON.

Mon ami....

GESNER.

Si quelqu'un qui vous intéresse, avoit commis une faute grave, votre ame actuellement seroit-elle portée à la clémence ? Écoutez : je vais vous découvrir un secret bien intéressant.

SIMON, *avec une curiosité d'inquiétude.*

De quoi s'agit-il ?

GESNER.

Je vais parler : mais j'en appelle à votre raison pour m'écouter ; à votre sagesse, & sur-tout à ce cœur sensible, pour me répondre.

SIMON, *vîte.*

Oui, oui.

GESNER.

Vous avez peut-être entendu parler d'un jeune officier qui voyageoit dernièrement en Suisse ; il s'arrêta long-temps dans notre vallée pour y admirer les beautés de la nature : établi dans une auberge, au bout de notre ville, il sortoit, dès le matin, pour aller se perdre sur nos rochers ; & passant le reste du jour dans la prairie avec un livre, il ne rentroit à Zurich que le soir : c'est au bord du lac, où il venoit échapper à la chaleur du jour, qu'il rencontroit souvent une jeune personne, douce, timide, intéressante par ses goûts purs & paisibles ; l'habitude de se voir, la confiance qu'elle fit naître ; le plaisir, quelquefois si dangereux, de consoler une ame trop délicate ; les noms d'époux que ces deux êtres aimans s'étoient donnés avant que le ciel les eût rendus légitimes : vous le dirai-je enfin ? cette jeune personne, trop foible pour résister aux desirs de son cœur, & aux charmes du sentiment le plus tendre.... (*prenant la main de Simon.*) Simon, je parle à un homme sévère, mais sensible : (*avec force.*) je dévoile une foiblesse bien coupable, mais qu'il faut couvrir du plus grand mystère... Qu'un enfant... une créature innocente.... Mon ami, descendez dans votre ame ; songez que la vertu la plus courageuse, la plus pure, peut avoir un moment d'erreur ; & que si l'Eternel pardonne aux humains sur la terre, un père doit avoir sa clémence & sa générosité.

(*Pendant toute cette scène, la figure de Simon s'est émue par degrés, ses lèvres blanchissent, son corps tremble, son œil est fixe, mais sinistre ; Lisbeth arrive lentement, avec tous les signes de la foiblesse & de la crainte, s'appuyant sur tous les meubles qu'elle rencontre.*)

SCÈNE III.

LES MÊMES, LISBETH.

TRIO.

SIMON.

JE vous entends ; cette fille coupable....
LISBETH, *se jetant aux genoux de son père.*
Est à vos pieds.
SIMON.
O dieux !
(*Il saute sur son fusil qui est contre le mur.*)
GESNER, *se jetant sur lui.*
Père cruel !
Voyez le chagrin qui l'accable :
Seriez-vous assez criminel !
(*Simon laisse tomber son fusil à terre.*)
LISBETH, *embrassant les genoux de son père.*
Mon père ! ou prenez ma vie,
Ou pardonnez mon erreur.
SIMON, *avec force.*
Non, non, jamais. (*à Gesner.*) Non, qu'elle fuie,
Et cache au loin son déshonneur.
LISBETH, *égarée.*
Dieu ! que je fuie !
GESNER.
Pardon, pardon.
SIMON, *sans regarder sa fille.*
Non, non, non.
(*Il veut s'éloigner, Lisbeth se traîne vers son père, & l'arrête par le pan de son habit.*)
LISBETH.
Mon père, oh ! par pitié, mon père,
Ne vous montrez pas si sévère.

DRAME LYRIQUE.

SIMON, *la poussant rudement.*

Déshonneur de ma maison !
Toi qui flétris les jours de ma vieillesse,
Va cacher bien loin ta foiblesse :
Reçois ma malédiction.

(*Il tombe dans un fauteuil, accablé, se cachant la tête dans ses deux mains.*)

LISBETH, *à terre, accablée.*

O dieu ! mon père !
(*se levant égarée.*)
Oui, oui, je vais fuir ;
Vous montrant, pour moi, si sévère,
C'est m'ordonner de mourir.
Oui, j'irai loin de vous, mon père,
Et je saurai mourir.

(*Simon, ému de ce dernier mot, tourne la tête vers sa fille qui s'éloigne.*)

GESNER, *courant après Lisbeth.*	LISBETH.	SIMON, *à part.*
Arrêtes, fille malheureuse !	Mon crime me rend courageuse !	Long-temps mon ame fut heureuse,
Vivez, vivez pour votre enfant.	Oui, je vivrai pour mon enfant.	Et j'étois fier de mon enfant ;
Attendez un plus doux instants ;	Tâchez d'adoucir mon tourment ;	Oui, j'étois fier de mon enfant.
Son ame sera généreuse ; vivez, vivez pour votre enfant. (*à Simon.*) Que ton ame soit généreuse ; Elle est encore ton enfant.	Et que votre ame généreuse Rende un père à son enfant.	Ah ! ma vieillesse malheureuse Ne sera plus qu'un long tourment.

(*Il la reconduit en la soutenant, & la fait entrer dans une chambre voisine. Simon absorbé fait plusieurs tours dans la chambre, sans proférer une parole, & de l'air le plus sombre.*)

SCENE IV.
SIMON, GESNER.

SIMON.

Soixante ans de bonheur qu'un instant vient de détruire !

GESNER.

Simon.

SIMON, *repoussant Gesner.*

Laissez-moi, je veux être seul.

GESNER.

Non, je ne vous quitte pas ; ce cœur a besoin de s'épancher ; ces yeux ont des larmes à répandre ; c'est à votre ami de les recevoir ; Simon, Simon, rappelez tout votre courage.

SIMON.

En a-t-on pour la honte ? Où est-elle ? Je veux.....

GESNER.
Lui pardonner !
SIMON.
Jamais !
GESNER.
Homme injuste ! est-ce elle qu'il faut punir ? Vous me parliez tout-à-l'heure d'un livre où j'offrois à l'ame sensible la plus douce des jouissances, celle de pardonner. Vous me lisiez il n'y a qu'un instant, vous pleuriez sur la générosité d'Abel, sur la clémence du père des hommes, & j'avoue qu'alors j'étois fier d'avoir composé cet ouvrage ; mais fait-on le bien que le ciel nous commande ? Ah ! je le vois bien, il est plus aisé d'admirer les vertus que de les imiter.
SIMON.
Gesner, mon ami, ne déchirez pas ce cœur davantage.
GESNER, *serrant Simon dans ses bras.*
Moi, le déchirer ! Non, non, je respecterai sa blessure ; ne repoussez pas la main qui veut la fermer & la guérir.
SIMON.
Oui, je veux laisser la vie à cette infortunée, ma religion me l'ordonne ; elle me dit qu'il faut conserver la mienne avec ses peines ; mais que Lisbeth s'en aille ; que je ne la voie plus ; elle seroit ici le scandale de tous, & le supplice de son père ; qu'elle ne se présente plus devant mes cheveux blancs qu'elle a déshonorés.
GESNER.
Ah ! Simon.
SIMON.
(*Il s'éloigne, & s'arrête devant le portrait de Lisbeth.*)
Voilà son portrait ; lorsqu'elle étoit vertueuse, je voyois son image avec plaisir, mes yeux s'y reposoient avec orgueil, Lisbeth lui ressembloit alors ; ce n'est plus elle, je le déchire. (*Il monte sur une chaise vivement, déchire le papier sur lequel étoit le portrait de Lisbeth, & fixant celui de Nanette sa sœur.*) Si je ne vois plus celle qui m'a deshonoré, je verrai du moins celle qui me console. Oui, bonne Nanette, tu m'aimeras, tu me consoleras ; toi seule auras toute l'amitié de ton malheureux père.

(*Il sort par le fond.*)

SCÈNE V.
GESNER, *seul.*
Qu'il est à plaindre !

SCÈNE VI.

GESNER, LISBETH, *sortant tout égarée de la chambre où Gesner l'avoit mise.*

LISBETH.

J'AI tout entendu, mon arrêt est prononcé.

GESNER.

Lisbeth.....

LISBETH.

Mon père m'éloigne de lui ; il se sépare de sa fille.

GESNER.

Pardonnez en ce moment à son ame aigrie, cet acte de rigueur ; croyez que lui-même il ne pourra supporter l'exil auquel il vous condamne, & que bientôt.....

LISBETH, *apercevant les morceaux du portrait déchiré, qui est à terre.*

Bientôt..... Non, non, jamais. Voyez, voyez, il a déchiré tout ce qui pouvoit lui rappeler mon souvenir ; il a raison, mes traits sont tracés par un perfide !..... Un jour cette image auroit présenté à-la-fois à sa mémoire, & le crime & la foiblesse..... Alors, peut-être moins sévère, ne devoit-elle être effacée que par ses larmes. (*Regardant autour d'elle.*) Allons ! il ne restera plus rien de moi dans cette maison que la pensée éternelle de ma honte. (*Avec un soupir déchirant.*) Oh ! mon dieu ! que je suis malheureuse !

GESNER.

Du courage, du courage !

LISBETH, *du ton le plus sombre.*

Il n'y a plus d'espoir. Dieux ! quel sinistre avenir ! Ma faute une fois connue, l'austérité de nos mœurs me livre au conseil des vieillards. Peut-être ne devrai-je qu'aux vertus de mon père une grace humiliante, un pardon avilissant ; c'est à qui fuira la malheureuse Lisbeth : les filles ne me verront qu'avec une orgueilleuse pitié ; les hommes m'accableront de leurs mépris ; & toutes les mères, en me désignant avec horreur, s'écrieront : Voyez, voyez, elle a flétri pour jamais les derniers jours de son père..... Non, non, le ciel injuste, cruel.....

GESNER.

Ne l'accusez pas, ne l'accusez jamais ; ne vous préparez pas au repentir. Vivez pour votre enfant.

LISBETH.

Mon enfant ! la rigueur de mon père ne le condamne-t-il pas à mourir avec moi ? Croyez-vous qu'elle ne tarisse pas dans mon sein les sources de sa vie ?... Que pourra lui

offrir sa malheureuse mère ? Des larmes, des larmes......
& le désespoir. Repoussée par le premier ami que je devois
espérer..... oubliée, méprisée peut-être de celui que j'aime
encore... M. Gesner, la mort, la mort, voilà ma dernière
ressource, mon espérance ; voilà le seul bonheur que j'implore
de la divinité ; elle ne le refuse pas à ceux qui la demandent,
(*A part, & d'un ton d'une grande résolution.*) & qui ont le
courage de la prévenir.

SCÈNE VII.

LES MÊMES, GERMAIN, *un papier à la main.*

GERMAIN.

Monsieur Derson m'a chargé.....

LISBETH, *frappée, & vivement.*

Ah ! que venez vous de me dire ?

GERMAIN.

Monsieur Derson, mon maitre.

LISBETH, *vîte.*

Ton maitre, où est-il ? parle : oh ! parle, je t'en conjure.

GESNER, *à part.*

Quel mystère !

GERMAIN.

Il est allé près d'ici à Berstadt. Une jeune personne.....
(*Il court à la croisée.*) Hé, tenez, c'est lui qui revient à
toute bride ; il n'aura sûrement pas trouvé Lisbeth.

LISBETH, *rapidement, allant à la croisée, & revenant
à Gesner.*

Monsieur Gesner, je vais au-devant de lui ; je l'amenerai
à mon père ; nous parlerons ; nous nous jetterons à ses genoux ; nous verrons s'il aura le courage de faire trois malheureux à-la-fois. (*Elle sort en courant.*)

GERMAIN, *à part, étonné.*

Ah ! seroit-ce la jeune personne que je cherche ?

GESNER.

Vous allez probablement chez Simon ?

GERMAIN.

J'allois lui porter le contrat d'une petite maison que mon
maitre.....

GESNER.

C'est M. Derson qui l'achète.

GERMAIN.

Oui.

GESNER, *rapidement.*

Oh ! que cette nouvelle me fait plaisir ! Ecoutez, mon
ami, je vous prie, je vous conjure de ne rien dire de ce
que

que vous venez de voir ; ce myſtère intéreſſe votre maitre plus que vous ne pouvez imaginer.

GERMAIN.

Oh ! ſoyez tranquille ; ſi le ſecret, comme je le préſume, eſt intéreſſant pour ſon bonheur, rapportez-vous en à Germain, qui donneroit ſa vie pour ſon maitre.... (*Avec émotion les derniers mots.*) le meilleur de tous les hommes.

GESNER, *lui ſautant au cou.*

Je te remercie, mon ami, de ce que tu viens de me faire entendre ; mon cœur a beſoin d'eſtimer tous mes ſemblables. Va, mon ami, on pourroit venir ; qu'on ne nous ſurprenne pas enſemble.

SCÈNE VIII.

GESNER, *ſeul.*

QUELLE poſition ! mais elle me ſert ; un jeune homme ardent, l'innocence trompée ; que de titres pour m'intéreſſer à l'un & à l'autre. Oh ! oui, j'en ſuis ſûr, ce jeune homme revient ici avec le projet de réparer ſes torts. — Voici Nanette, ne faiſons rien paroître.

SCÈNE IX.

NANETTE, GESNER.

NANETTE, *comme ſi elle parloit à la porte.*

ATTENDS, attends. Ah ! monſieur Geſner, je vous trouve à propos ; il eſt là : le ferai-je entrer ?

GESNER.

Qui ?

NANETTE.

L'amoureux.

GESNER, *troublé.*

L'amoureux ?

NANETTE.

Oui, Fribourg.

GESNER.

Ah ! je reſpire.

NANETTE.

Avez-vous parlé à mon père ?

GESNER.

Pas encore.

NANETTE.

Et qu'eſt-ce que vous avez donc fait depuis une heure que vous êtes enſemble ?

GESNER.

Nous nous sommes occupés de ceux qui sont plus à plaindre que vous.

NANETTE.

Ah! plus à plaindre? c'est difficile.

COUPLETS.

Quand on ne dort pas de la nuit;
Qu'on a toujours dans la pensée
Certain souvenir qui vous suit
Pendant le jour, pendant la nuit;
Qu'on est distraite, embarrassée;
Qu'avec celui qu'on aime bien,
On est encor réduite à feindre;
Qu'on attend, & qu'on n'apprend rien :
Ah! je crois, ah! je crois qu'on est bien à plaindre. (ter.)

II.ᵉ COUPLET.

Ce Fribourg est là qui m'attend,
Que l'inquiétude dévore!
Faudra donc lui dire en sortant,
A ce bon Fribourg qui m'attend,
Que l'on n'a pu parler encore.
Il étoit déjà malheureux!
Sa frayeur, lui seul peut la peindre :
Vous n'avez rien dit pour nous deux.
Nous voilà, nous voilà tous deux bien à plaindre. (ter.)

GESNER.

Attendez, attendez.

NANETTE.

Attendez : ça vous est bien aisé à dire : y a-t-il un siècle que j'attends; si ça continue comme ça, nous aurons bien quarante ans tous les deux avant d'avoir une réponse?

GESNER.

Oh! que non.

NANETTE.

Il n'a qu'à se dégoûter de moi, je serai bien avancée après.

GESNER.

Je vous réponds de lui.

NANETTE.

Ah! oui, répondez-moi des garçons : voyez celui qui aimoit ma sœur; eh bien! il est parti, on n'en a pas de nouvelles; si ma sœur l'avoit aimé pourtant, comme j'aime Fribourg, il faudroit l'oublier; & ça, monsieur Gesner, en conscience, c'est souvent bien impossible.

GESNER.

Oh! la vertu.....

NANETTE.

Dit oui; le cœur non : comment les arranger? écoutez, je vous donne encore jusqu'à ce soir; mais passé ça, si je ne suis pas plus avancée, pour le coup je prends mon courage, & je.... Non, non, j'aime mieux que vous vous en chargiez, parce que d'abord mon père a la plus grande confiance en vous ; ensuite, que s'il me regardoit en face, il me feroit peut-être perdre toute ma résolution ; & puisque vous faites des livres, vous avez sûrement plus d'esprit que moi ; je m'en vais bien vite achever un paquet qu'on envoie à ma sœur ; & comme y faudra consoler ce pauvre Fribourg, monsieur Gesner, dites-moi bien que je puis l'embrasser sans faire mal.

GESNER.

Eh bien! oui. On vient, sortez vite.

NANETTE, *à part, en s'en allant.*

Je l'embrasserai ; c'est toujours quelque chose. (*Elle sort par un côté opposé à celui où Lisbeth arrive.*)

SCÈNE X.

GESNER, *seul.*

SI c'étoit ce jeune étranger ? Je tremble.

SCÈNE XI.

GESNER, LISBETH, *amenant Derson.*

LISBETH, *avec l'ivresse de la joie.*

C'EST lui ; le voilà : c'est lui ; c'est Derson.

GESNER.

Ciel! Quoi! jeune homme, vous ici! vous ne savez donc pas.....

DERSON.

Je sais tout.

LISBETH, *avec l'ivresse du bonheur.*

Il ne m'avoit pas oubliée.

DERSON, *exalté.*

Je sais la rigueur de son père, qui la repousse, qui l'exile ; mais je connois aussi les devoirs sacrés qu'un titre nouveau & bien cher impose à mon cœur. Lisbeth, le bonheur est partout pour ceux qui s'aiment, par-tout où ils sont ensemble : je retrouve en toi mon bien, ma fortune, tout mon bonheur. Simon le veut : eh bien ! nous fuirons ton père, ta famille, tout le monde ; ce cœur est l'asyle où tu vas habiter : viens, viens. (*Saisissant Lisbeth qu'il veut entraîner.*)

GESNER, *l'arrêtant.*

Monsieur Derson....

LISBETH;

DERSON, *avec feu.*

Ne me retenez point ; elle est à moi, elle a souffert, il faut que je l'en dédommage. J'avois résolu d'habiter cette contrée paisible où j'ai connu l'amour ; j'étois possesseur d'une retraite tranquille, où je la rapprochois de ce qu'elle avoit de plus cher ; mais pour être accablée d'un mépris qu'elle ne mérite pas, des reproches d'une faute dont seul je suis coupable ; non, jamais ; ma fierté s'y refuse, mon cœur n'en a pas le courage ; elle verra si l'amour est plus que la nature, & lequel devoit l'emporter. Laissez-moi, laissez-moi.

GESNER.

Jeune homme !

LISBETH.

Derson, écoute-le ; écoute la vertu qui te parle ; l'homme courageux, l'ami, le seul ami que j'aie trouvé dans mes peines....

DERSON, *vite, la voix étouffée par la colère.*

Lui qui veut m'empêcher d'obtenir mon pardon ; lui qui, loin de prendre intérêt à mon malheur, au vôtre, semble armer votre père contre mon repentir ; lui qui tout-à-la fois injuste, cruel & barbare.....

LISBETH.

Non, non, c'est lui qui doit me réconcilier avec mon père, c'est Gesner.

DERSON, *frappé.*

Gesner, vous ?

GESNER, *avec calme & noblesse.*

Moi-même.

DERSON.

Ah ! pardonnez ; ce nom célèbre, autant que révéré....

GESNER.

Je pardonne, je pardonne ; on est injuste quand on aime ; l'indulgence est dans mon cœur ; mais vous ne pouvez plus long-temps demeurer en ces lieux : partez, j'irai vous rejoindre, & sur-tout....

FINALE.

TOUS presto.

Du silence,
De la prudence.

GESNER. { Partons.
{ Partez tous deux.

Dans un asyle
Bien plus tranquille

GESNER.	**DERSON ET LISBETH.**
Je vous reverrai tous les deux.	Attendons un sort plus heureux.

RÉCITATIF.
GESNER.
Dans l'âge heureux où le cœur s'abandonne,
De sa fureur pourrai-je m'alarmer :
Est-on toujours à soi, dès que l'on sait aimer ?
Il est sensible, & je pardonne.

AIR.
Je connois la bonne jeunesse ;
Elle a quelques instans d'erreur.
Sur ce premier moment d'ivresse,
Il ne faut pas juger son cœur :
L'amour avec le temps l'épure.
Non, les orages du printemps
Ne font point tort à la nature :
Les jours d'été n'en sont que plus brillans.
Je connois la bonne jeunesse ;
Elle a quelques momens d'erreur.
Mais ce premier moment d'ivresse
Ne fait jamais tort à son cœur.
On peut espérer à vingt ans :
Les jeunes gens
Ne sont jamais méchans.

ACTE III

(Le Théâtre représente des rochers, qui bordent le lac de Zurich.)

SCÈNE PREMIÈRE.
GESNER, LISBETH, DERSON.
GESNER.
IL n'est plus temps de vous abuser ; mes démarches auprès de Simon ont été vaines & infructueuses : j'ai dit que le jeune officier qui avoit trompé l'innocence, venoit pour réparer ses torts ; j'ai assuré qu'il venoit offrir à-la-fois sa main, sa fortune & son repentir : rien n'a pu toucher la stoïque fermeté de Simon. Plus mon cœur se montroit éloquent pour vous défendre, plus ce père infortuné s'est montré sévère & inflexible..... Mais si je n'ai pu réussir, croyez que votre ami ne fera que doubler de courage ; on n'abandonne pas ceux qui ont tant de droits pour nous intéresser.
DERSON.
Respectable homme ! Oh ! oui, j'ignorois d'abord le nom

du mortel généreux qui s'intéressoit à mon sort ; le peintre de la vertu devoit en avoir toute l'indulgence & la générosité, & vous m'en donnez la preuve.

LISBETH.

Mon père.

GESNER.

Vous suivrez exactement le plan que je vous ai fait ; Germain est un garçon fidèle.

DERSON.

Oh ! le plus honnête homme ; on peut se fier à lui.

GESNER.

Oh ! je l'ai déjà jugé.

DERSON.

Oublierez-vous mes torts envers vous ?

GESNER.

Oui, si je vous rends heureux.

DERSON, *montrant Lisbeth.*

En doutez-vous ? la voilà.

GESNER.

Simon va venir, allez avec Marie ; mais non, je vais vous suivre, & nous exécuterons notre projet.... (*Prenant la main de Derson.*) Vous m'aimerez, vous m'aimerez.

(*Il sort avec Lisbeth.*)

SCÈNE II.

DERSON, *seul.*

ARIETTE.

O CIEL ! qui me rends l'espérance,
Prolonge pour moi ta bonté ;
Ramène un père à la clémence,
Adoucis sa sévérité.
Qu'il entende ce doux murmure,
Ce cri touchant de la nature ;
Et son cœur sera désarmé,   *bis.*
Et toi ! toi, sage respectable,
Qui rends à mon ame la paix ;
En plaidant pour le coupable,
En partageant la peine qui m'accable ;
Jouis déjà de tes bienfaits....
O ciel ! &c.

Voilà Simon : oh ! quand on l'a trompé, que la présence d'un honnête homme humilie !

SCÈNE III.
SIMON, DERSON.

SIMON, *d'un air gêné, qui laisse voir le profond chagrin qui l'occupe.*

PARDON, monsieur, de venir si tard; je voulois..... mais ce n'est pas ma faute; un père de famille a tant de devoirs !

DERSON.

Ne vous excusez pas, brave homme, je ne fais que d'arriver ; & je suis honteux de me voir prévenu par vous : vous me parliez de devoirs, les vôtres sont si doux, si aimables !

SIMON.

Ah ! ils sont bien rigoureux quelquefois..... Pardon, votre domestique m'a remis votre argent, c'est beaucoup plus que l'objet ne vaut.

DERSON.

Bon vieillard, s'il y a du superflu dans mes offres, je suis instruit de l'usage que vous en savez faire.

SIMON.

Je remplirai les conseils,....

DERSON.

De votre cœur, il ne vous dicte que le bien. Cette retraite que vous me cédez, va me devenir si précieuse !

SIMON.

Monsieur est peintre, à ce qu'on m'a dit.

DERSON.

Et dans ces vallées la nature est si belle ! son aspect sauvage convient à mon imagination ; la vue de ces rochers, de ces habitans vertueux..... Ici mon art trouvera facilement le modèle de la beauté & de l'innocence, chez vous, dans votre intérieur paisible.

SIMON, *avec émotion.*

Oui, Nanette encore.

DERSON.

Vous m'admettrez, j'espère, à suivre vos travaux ; je viens m'établir avec vous ; je veux adopter la pureté de vos mœurs.

SIMON.

A votre âge, la société d'un vieillard !

DERSON, *avec expression.*

A mon âge on a besoin d'un guide, d'un ami. Pour un jeune homme, un vieillard est un père. Eprouve-t-on des peines, sa raison lui en assure la confiance, & son amitié fait les adoucir.

SIMON, *avec intérêt.*

Est-ce que vous auriez quelques chagrins?

DERSON.

Oh! de bien grands!

SIMON.

Ecoutez: je ne suis pas heureux. (*A part, emporté par sa douleur.*) En ce moment, égarée peut-être dans nos montagnes, luttant sur le bord des précipices, le cœur flétri, sans secours, sans asyle, emportant la malédiction qui m'est échappée! (*En se couvrant la tête de ses mains.*) Oh! mon dieu!

DERSON.

Calmez-vous.

SIMON.

Nous pleurerons ensemble. Mais dans la belle saison de la vie, quel motif? Excusez-moi, jeune étranger, j'ai déjà l'indiscrétion d'un ami; mais vous m'intéressez.

DERSON.

Je vous intéresse? eh bien! tenez, vous me donnez un instant de bonheur; il m'a fui depuis bien long-temps! J'ai perdu..... je suis séparé de l'épouse la plus tendre!

SIMON, *avec l'explosion de la vérité.*

Je n'ai plus ma fille.

DUO.

SIMON.

Je ne l'ai plus, cette fille si chère;
Elle est loin du toit de son père.

DERSON.

Je ne l'ai plus, cette épouse fidelle,
Elle étoit tendre, elle étoit belle.

Ensemble.

Ah! plaignons notre malheur,
Confondons notre douleur.

DERSON.

Plus d'épouse!

SIMON.

  Plus de fille!

DERSON.

Chagrin!.....

SIMON.

  Seul dans sa famille!

Ensemble.

Ah! mon cœur, mon cœur ressent
Le plus cruel tourment.

DERSON.

Cessez, cessez de vous plaindre.

SIMON.

Mon malheur ne peut se peindre.

DERSON.

DRAME LYRIQUE.

DERSON.
Plus que vous je suis à plaindre.
SIMON.
Je suis père....
DERSON.
J'étois amant:
J'ai tout perdu !
SIMON.
Sans mon enfant
La vie est un tourment.

Ensemble.

DERSON, à part.	SIMON, à part.
L'aspect d'un malheureux	L'aspect d'un malheureux
Rend mon tourment moins affreux.	Rend le tourment moins affreux.
Sensible père !	Oui, oui, mes larmes
Oui, oui, j'espère	Ont plus de charmes,
Consoler ce cœur malheureux.	Car j'en vois couler de ses yeux.

DERSON.
Cette peine si sensible,
Et qui paroît t'accabler,
Laisse-moi t'en consoler.
SIMON.
M'en consoler ! c'est impossible ;
Mon malheur ne peut se peindre.
DERSON.
Plus que vous je suis à plaindre.
SIMON.
Je suis père....
DERSON.
J'étois amant !
J'ai tout perdu !
SIMON.
Sans mon enfant
La vie est un tourment.

Ensemble.

DERSON.	SIMON.
Que je plains son tourment !	La vie est un tourment.

SIMON, *plus à l'aise.*
Ecoutez : puisque la société d'un vieillard ne vous effraie pas, que vous êtes malheureux ! Cette petite chaumière n'est pas encore arrangée, acceptez un asyle dans la mienne.
DERSON.
Ce que vous m'offrez m'est bien précieux ; mais permettez-moi de m'établir ici.
SIMON.
Eh bien ! je vais vous envoyer bien des objets qui manquent ;

E

LISBETH;
& que vous me permettrez, j'espère, de vous offrir. Voyez, j'agis déjà en père : attendez, je vais revenir. Permettez que je vous embrasse.

DERSON, *lui sautant au cou.*
Oh! vous ne devinez pas mon bonheur.

SIMON, *s'en allant.*
Il ne m'auroit pas trompé, celui-là.

SCÈNE IV.

DERSON, *seul.*

GRAND Dieu! que je te remercie; mais que sa confiance, sa sécurité me font mal : s'il savoit.... Et cette infortunée. Ah! Derson, Derson, que de choses il te reste à faire pour réparer les maux que tu lui as fait souffrir !

SCÈNE V.

LISBETH, *portant une corbeille dans laquelle est son enfant couvert d'un linge ;* GESNER, GERMAIN, MARIE.

DERSON *se précipite sur la corbeille.*
MA fille !

LISBETH.
C'est mon courage, mon espérance...... Mais son père !

GESNER, *montrant l'enfant.*
Voici l'écueil de son éloquence..... Germain, vous lui avez expliqué ?

GERMAIN.
Il sait tout.

GESNER.
Plaçons cette corbeille là.
(*Pendant que Gesner & Derson vont placer la corbeille sous une petite voûte de verdure près de la maison, & qu'ils arrangent quelques branches pour parer les rayons du soleil, qui frappent à-plomb.*)

LISBETH, *demeurée sur la scène avec Marie.*
(A part d'abord.) M. Gesner espère le succès d'après son cœur ; & moi, je juge l'avenir d'après mes craintes.

MARIE, *qui guette.*
Voici votre père.....

LISBETH *se précipite sur la corbeille, & baise son enfant.*
Laissez-moi emporter un peu de courage.
(*Lisbeth après s'empare de Gesner, & gagne le rocher du fond sur la hauteur.*)

SCÈNE VI.

DERSON, *resté près de la corbeille où est l'enfant.*

Mais quelle est donc la force de ce sentiment? comme il élève l'ame! comme il l'électrise! A présent rien ne me paroit impossible.

(*Il se précipite sur l'enfant.*)

SCÈNE VII.

DERSON, SIMON.

SIMON.

Nanette a dû........ Que faites-vous donc là?

DERSON, *dans l'ivresse de la joie.*

Ce que je fais, bon vieillard? Je remercie le ciel; je lui rends graces. Germain a rencontré cet enfant abandonné près d'ici; il me l'apporte, & je l'adopte.

SIMON, *d'un ton surpris, mais avec une nuance de réflexion intime.*

Un enfant!...

DERSON.

Une petite fille.

SIMON.

On l'a trouvé?....

DERSON.

Là, tout près d'ici, sur des roches blanches.

SIMON, *paroissant toujours soupçonner quelque chose.*

Sur des roches blanches? C'est sur un terrein qui m'appartient qu'on a vu cet enfant; & le ciel, en l'y faisant trouver, m'ordonne ce que je dois faire.

DERSON, *avec force.*

Cet enfant porte dans mon cœur un intérêt que je ne puis exprimer; le quitter, l'abandonner, seroit désobéir au ciel, qui me l'a fait découvrir: je ne vous le cède pas!

SIMON.

Jeune homme! si vous saviez de quelle consolation vous priveriez mon cœur.... Si vous soupçonniez ce que, dans ce moment, ce cœur éprouve.... tout.... tout ce qu'il ne peut vous dire..... vous ne réclameriez pas si vivement la préférence. (*Se laissant emporter au mouvement de son cœur.*) Vous n'avez pas perdu votre fille, vous?.....

DERSON.

Je.....

LISBETH;

SIMON.

Ne poussons pas plus loin une explication qui seroit inutile. Vous avez le bonheur d'ignorer le plus grand chagrin de la vie ? Eh bien ! voilà mon sort, voilà ma position : aurez-vous la rigueur de me priver, de m'enlever ce qui peut l'adoucir ? La loi dit qu'un trésor, trouvé sur notre champ, nous appartient sans partage ; si je l'avois trouvé, ce trésor, je l'abandonnerois aux malheureux ; (*avec force.*) mais ce bienfait, ce dépôt, cet orphelin, (*Il dit le mot orphelin avec une expression qui prouve qu'il devine tout.*) que le ciel me confie.... je ne l'abandonne à personne.

DERSON.

Vous pleurez, bon père ?

SIMON.

Eh ! oui, je n'ai plus que cela pour vous convaincre.

DERSON.

Vous me commandez, vous m'entraînez ; (*d'un ton marqué.*) je ne résiste plus ; puissiez-vous un jour, bientôt peut-être, me payer du sacrifice !

(*Il remet la corbeille où est l'enfant à Simon.*)

SIMON.

Vous me rendez le bonheur ; cela vous coûte de me céder cet enfant ? eh bien nous l'aimerons ensemble.

DERSON.

Oui, bon père, oui, (*A part, à Germain*) suis-moi, Germain, allons consoler sa malheureuse mère. (*Ils sortent.*)

SCÈNE VIII.

SIMON seul.

Oui, oui, tu m'appartiens, créature intéressante..... (*Le couvrant de baisers.*)

AIR.

Pauvre innocent, il semble me sourire :
Levant vers moi ses foibles bras,
Il semble, hélas !
Me rendre graces tout bas
Du tendre intérêt qu'il m'inspire.
Cher enfant, il est dans mon cœur :
Ta vue adoucit mon malheur.
Je perdois une fille chère,
Je lui disois un éternel adieu :
Eh bien ! Je t'adopte ; & j'espère
Qu'un jour tu m'en tiendras lieu.

SCÈNE IX.

SIMON, GESNER, MARIE, *aux cébets près de l'arbre, écoutant tout avec une attention scrupuleuse*; LISBETH, *sur la crête du rocher, les yeux fixés sur Marie qu'elle ne quitte pas ; un peu d'expression du délire qui tient à l'inquiétude*, DERSON.

SIMON.

AH ! mon ami, vous voyez un homme bien heureux ! bien satisfait ! Cet enfant étoit abandonné, on le livroit à la pitié de quelque être sensible ; je l'ai vu & je m'en charge.

GESNER.

Bien ! bien ! je vous reconnois là. Mais qui donc l'a trouvé ?

SIMON, *fixant beaucoup Gesner*.

Le domestique du jeune étranger qui vient d'acheter cette petite maison ; son bon cœur lui dicta le devoir... que je veux remplir moi-même ; il vouloit garder cet enfant ; je l'ai réclamé ; il me le confie, & je l'adopte. A présent, mon ami, trouvons une nourrice à cet infortuné.

GESNER.

J'en connois une qui en aura le plus grand soin : vous en rapportez-vous à moi ?

SIMON.

Oui.

GESNER.

Vous me promettez de consentir à tout ce que je ferai pour cette innocente créature ?

SIMON.

Je vous en donne ma parole.

GESNER.

Personne, je crois ne pourroit veiller avec plus de soin sur cet enfant, que celle qui lui donna le jour ?

SIMON.

Celle qui l'a délaissé ?

LISBETH, *se jetant aux pieds de son père*.

Non, non, vous lui rendrez son père.

SIMON.

Malheureuse !

DERSON.

Voyez l'innocence qui semble vous implorer pour le coupable ; vous l'avez adopté, vous me l'avez enlevé cet enfant, à moi, à son père.

SIMON.

Vous, son père !

DERSON.

Moi ! n'étoit-ce pas pour lui rendre celui que lui donne la nature.

LISBETH.
Vous l'avez couvert de vos baisers, de vos larmes; je l'ai vu, mon père.

GESNER.
Simon, cède à ton cœur; il te crie: Haïr est le plus grand tourment; pardonner est le charme de la vie.

SIMON.
O nature! que tu es puissante! Eh bien! oui, je le sens; cet enfant m'arrache ton pardon.... Tu ne le dois qu'à lui.

LISBETH.
Mon père, tu veux donc me le faire aimer davantage.

DERSON.
Payez ma Lisbeth de tout son courage pour supporter la vie; qu'un pardon généreux lui fasse oublier huit mois d'inquiétude, de peine & de désespoir; qu'il vous soit arraché par le repentir.

LISBETH.
Ne me laisse rien à desirer, mon père; rends-moi ta tendresse; un siècle de douleur peut être effacé par ton sourire; ma fille, toi, Derson, ma sœur, l'amitié du bon Gesner, tu peux me rendre tout à-la-fois.

GESNER.
Mon vieil ami, auras-tu la rigueur de ne pas couronner mon ouvrage; j'estime les deux coupables. Ils ont eu l'honneur du repentir; n'offrons point ici l'inflexibilité de la vieillesse, ayons toute sa raison & son indulgence.

SIMON.
Gesner... Ah! ma fille, viens, viens, ta place est dans mon cœur; nous avons souffert tous les trois, ce n'est plus le moment de nous en vouloir. Voici Nanette & les gens de ma ferme: cachez cet enfant; (*On rentre la corbeille dans la maison.*) gardons le secret, & conservons, s'il est possible, l'honneur de ma famille. Gesner, mon ami, comme vous m'avez trompé!

GESNER.
Non j'avois promis de vous guérir.

SCÈNE X.

LES PRÉCÉDENS, NANETTE *qui accourt*, Gens de la ferme de M. Simon.

NANETTE.
Vous dites que ma sœur est arrivée.... Où est-elle?.... où est-elle?.... Ah! Lisbeth, quelle joie de te revoir!
(*Elle se jette dans ses bras.*)

LISBETH.
Ma bonne sœur!

GESNER.
Nanette, embrassez monsieur Derson.

NANETTE.
Quoi !... monsieur ?... Ah ! je devine.

GESNER.
Il devient votre frère ; Simon lui donne la main de Lisbeth.

NANETTE.
Il l'épouse !... Monsieur Gesner, je crois que c'est bien le moment de parler pour moi ?

GESNER.
Non, non...... Je parlerai demain.

NANETTE.
Vous me remettez toujours.

SIMON.
Allons, mon gendre, venez chez moi ; & demain nous viendrons prendre possession de ce modeste asyle : mais le premier jour de votre arrivée m'appartient, & je le réclame.

FINALE.

Dans le sein du plus tendre père,
Allons/Venez goûter le vrai bonheur.
Que ce jour, ce jour prospère,
Soit en entier pour mon/son cœur

SIMON.
En touchant aux glaces de l'âge,
Soyez l'appui de mes vieux ans.
Un père, au terme du voyage,
A besoin de tous ses enfans.

TOUS.
Dans le sein du plus tendre père, &c.

(*L'acte finit par des Walz & des Allemandes.*)

FIN.

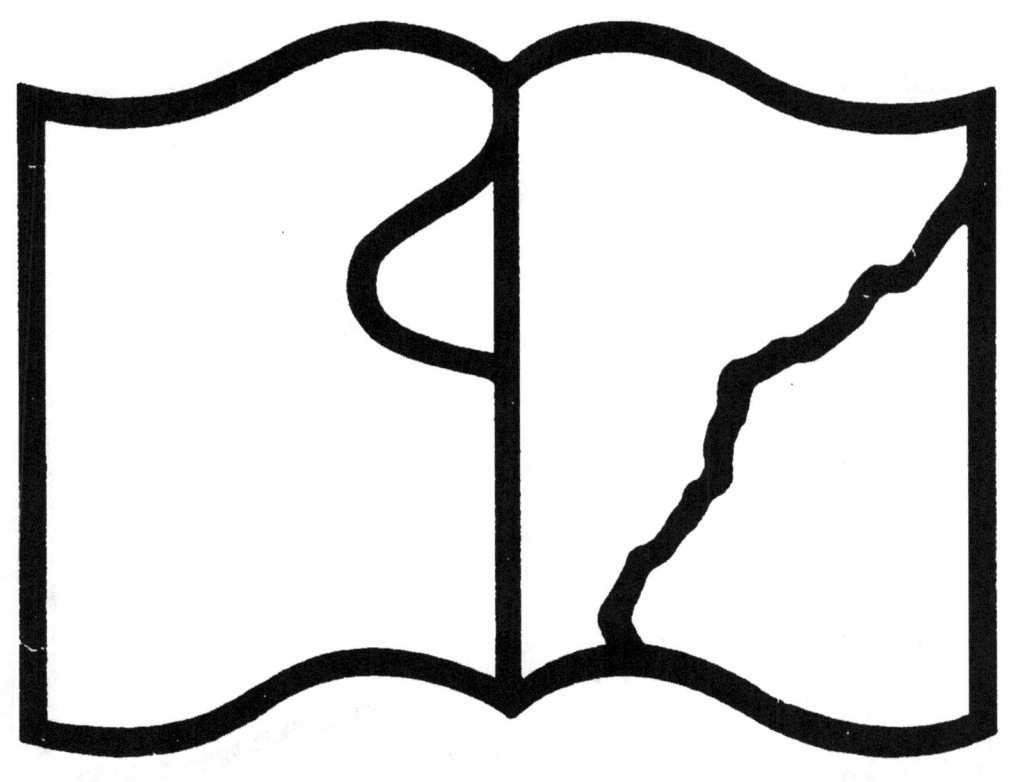

Texte détérioré — reliure défectueuse

NF Z 43-120-11

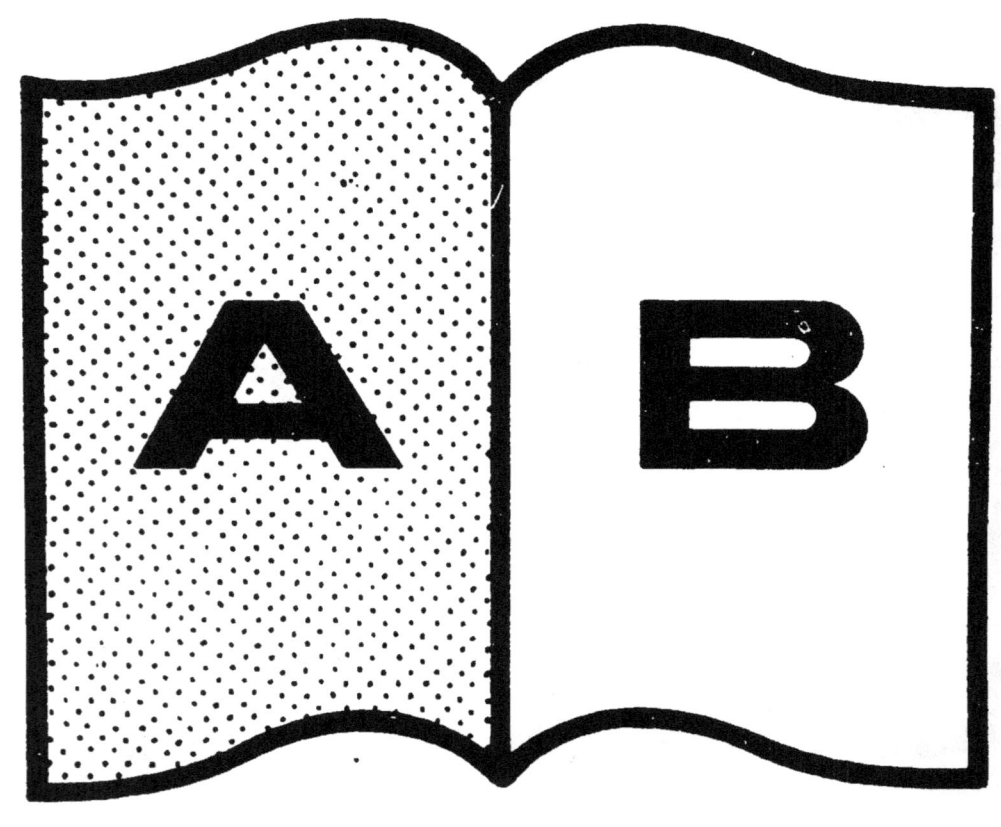

Contraste insuffisant

NF Z 43-120-14

www.ingramcontent.com/pod-product-compliance
Lightning Source LLC
Chambersburg PA
CBHW060505050426
42451CB00009B/822